JN410938

李惠淑

해원 이혜숙의 시 세계

어머니

이혜숙 시집

해원 이혜숙의 시 세계

어머니

초판 1쇄 2014년 12월 22일

지은이 이혜숙
발행인 김재홍
디자인 박상아, 고은비
교정·교열 안리라
마케팅 이연실

발행처 도서출판 지식공감
등록번호 제396-2012-000018호
주소 경기도 고양시 일산동구 견달산로225번길 112
전화 02-3141-2700
팩스 02-322-3089
홈페이지 www.bookdaum.com

가격 9,000원
ISBN 979-11-5622-061-9 03810

CIP제어번호 CIP2014035556
이 도서의 국립중앙도서관 출판시 도서목록(CIP)은 e-CIP 홈페이지(http://www.nl.go.kr/ecip)에서 이용하실 수 있습니다.

해원 이혜숙의 시 세계

어머니

이혜숙 시집

도서출판 지식공감

자화상

마음 뜰에 씨를 뿌렸다

석류와 맨드라미
실파 몇 뿌리도

하늘은 하나로 펼쳐진 그림 아래
가난한 마음 홀로 서성인다.

꽃잠 번갈아 물주고
뿌리 덮는 하루
아침에 눈뜨면 내다볼 수 있는 밭

맨드라미 붉은 잎새
어우러진 잔칫날
석류는 다홍빛 얼굴 푸른 치마폭에

때로는 시린 맘 젖어든 그림자 너머
잊었던 모정의 끈 그리움 사무치던 날

어린 자식 내려다보듯
못 박힌 눈길

촉촉이 젖어 든 갈색 보료 위에
이제야 온전한 꿈
가꿔 보는 뜨락.

〈2002.6.29. 청하전국백일장 장원 수상작〉

첫 번째 장

두 번째 장

세 번째 장

네 번째 장

다섯 번째 장

—

여섯 번째 장

맺음이야기

첫 번째 장

현충사 반송(소나무)

저녁연기

우리 집

봄빛

메밀꽃을 닮은 이유

첫사랑

바다

친구의 부의

열쇠(Key)

응달에 핀 무궁화 한 송이

현충사 반송(소나무)

서정이 제집인 양 쌓인 곳.
현충사 앞마당 잔디밭
숙성된 진리 보드랍게 담겨져
있었다.

〈반송〉 한 그루 가을 속 선 자리
밑동은 한 몸인데
몸통은 수수 갈래
임진왜란 통한의 그날!
백의종군 못한 몸,
원한의 넋이
환생하지 않았을까…?

오늘 기형의 몸이 되어
세상 속 섰다.

네 나이 일백팔 세….

*2014.10.24. 중구실버 미디어 대학원
〈현충사 탐방일기〉
〈한국소통문화교육원 대표 김보경 추천시〉

저녁연기

1. 물 건너 산기슭에 오막살이 집
   조그만 굴뚝에서 검은 연기가
   싸늘한 바람결에 날아갑니다.

〈필자 강서초등육년 툇마루 위에서〉

2. 십 리 길 나무 팔이 마친 아이가
   소를 모는 강 언덕에 버들가지야
   피리 부는 그 날이 언제나 오나.

3. 저녁노을 사라진 서쪽 하늘에
   타향살이 기러기 일곱 형제가
   오늘 저녁 쉴 곳을 찾아갑니다.

〈담임 고(故)김병환 선생님 작시 작곡〉

우리 집

그는 우리들의 즐거운 안식처
내 마음 우울하여 집에 들어도
너그럽게 맞아주는 넓은 마음씨

그는 우리들의 행복한 안식처
어머니 치맛자락 바람결에 날리면
우울한 내 마음 행복에 넘친다.

그는 우리들의 아름다운 안식처
복사꽃 붉은 볼이 너무도 고와
우울한 내 마음 웃어주련다.

〈필자 중 삼 년 교내 문예지 발표작〉

봄빛

어머니는 하얀 옥양목 치마에
이른 봄빛 안고 서 계신다.

하마 내가 스러질라 눈길 모으시며
흩어진 빛살 줍고 계신다.

아지랑이 아른대는 길
흐려진 기억 속 촛불 켜 들으시고
불 무리 환히 비친 길 열어
등허리 다독이시는 손길,

언 손 품어 잡아 입김 불어 녹여 주시고
손짓 하는 곳엔 나비가 보였다 실비 내렸다
조금은 쉰 듯한 개울물 소리
아직은 먼 길 남았는데
망설임도 없이 서 계신다.

"어머니."

힘줄 세워 불렀더니
빈 뜰엔 봄빛만이 철철 넘친다.

〈2002년 등단식날 자작 낭송시〉

메밀꽃을 닮은 이유

어머니 떠나셨다
나를 두고
하얀 사연만 줄줄이 남기시니
초록빛 잎 속 심어둔 나를
잊지 못해 오셨다네 눈부신 곳

흰 치마저고리 티 없는 고무신
사뿐히 딛고 오신 피맺힌 대궁이
하얀 님 물들진 말아야지

어머니 떠나셨다
산 메아리 이어진 날

산새 울음소리 뒤로하고
초록빛 가슴 열어
굽이치는 꽃 덤

하얀 갈채 속 나를 묻으시고.

〈청하 성기조 시인 추천시〉

첫사랑

초등 육 년 동기생 K
허물(虛物)처럼 남아 있다.

여고 삼 년 눈부신 흰 칼라
긴 여음 스며든 K의 고백이
초저녁 달빛 따라 나선 들길
나의 길 아니었다.

행성의 궤도 오른 중년의 나이
성공한 동기생 부부 교수 앨범 속
수일 전 귀국한 K선생.

사 인 식탁 어설픈 모임 자리
휑하니 날쌘 몸짓 빈자리,

덩그마니 남은 두 사람
"네가 그렇게 잘났니?"
"그 죄 지금 받고 있잖아"

유월 장맛비 흠뻑 잠긴 연무 버스정류장.
차창 밖 빗속의 K,
연락처에 지폐 몇 장 내 가방 끼워 놨다.

십여 년 후 안부차 묻는 네게
지난해 간암으로 세상 떠났단다.

바다

젖은 바람 회오리쳐 똬리 틀더니
남은 열기 모아
눈시울 붉은 살 파도의 몸부림.
네 몸 찢는 쓰라림 혀끝 돌려 깨문
하얀 핏방울 얼룩진 고래 등허리
깜깜한 바위 속
깊은 터널 이끼 낀 산호의 무덤
보이지 못하는 천길의 뜻
헤아려 무얼 할까

웃어 보아라 외쳐 보아라
솟아 보아라
텅 빈 하늘 향해 태풍으로 날아 보아라
황금빛 태양 머리 위 있는 날

〈호주 골드 코스트, 신인상 당선작〉

친구의 부의

식탁 위 늦은 귀가 기다리는
상보 하나
벙그러진 꽃잎 내려앉았다.
내게 남긴 그의 분신
알뜰한 손 땀들,
영원한 것은 예술의 신비
모태의 성장에서 싹튼 우정
해 저문 망막의 주름살 아래
성화처럼 조용하다.

당뇨의 그늘진 여진으로
점령해버리던 안광의 흔들림에서
허기진 그의 통화 마주 선 엊그제
"이젠 죽어도 원 없다…."
도르르 말린 황토 절벽 메아리
한 생의 미련까지 거래된 미지의 그곳
순응하는 천성에서.

〈may. 2014. 월간종합문예지 문학세계 발표작〉

열쇠(key)

스스로 속물임을 자처하는
비밀스런 닉네임 또한 키
감정의 순화력 앞장서는 작은 몸
인간만의 소유격인 신의 자취
희 · 로 · 애 · 락 모두를 간직한
먼지 같은 존재
긴장 속 메모리
잠긴 끈 풀어 주는 알뜰한 자비
혹여 망각의 틈서리 끼어들지 않을까
조심조심 다가든 귀한 손님
오로지 너 하나뿐인 것을
가장 깊고 은밀한 곳
기억처럼 모셔둔 아킬레스건.

응달에 핀 무궁화 한 송이

하얗게 바랜 모래의 땅
외진 비탈길
무궁화 한 그루 섰다.

진작 소멸된 잎과 줄기들
휘어진 능선
그늘진 자화상

때 지난 하루
온전한 꿈의 소산
그늘진 뿌리에서
보랏빛 꽃봉오리 하나 일어섰다

승부의 약속
다짐하던 겨레의 넋이.

빛고을 화신의 부력
시간의 박차 따라

해 저문 망막 속 찾아든다
구월 저온의 향기 속.

〈한국문협 무궁화 응모 투고 작품〉

두 번째 장

어머니

무화과 잎새 푸른 향유 풍겨나
눈부신 마당 그늘
가마솥 검은 등허리
강낭콩 입김 서려 찌는 한나절
하늘가 은실 풀어
구름 안개 두른 삼복더위
때 되면 타는 열기
궂은 일 모두를 불사르는 성미
십수 년 지켜오던 생명의 뿌리 농토
진홍빛 땀방울 식어 고인 물
순수의 샘이 되어 조약돌 담고
고통의 실바람 엮은 오라기
이슬 밭 적시어 아지랑이 꽃무늬
풀 베듯 시원스레 그림 천국 펼친
낯익은 마음 닮은 논 자락 그 자리
홀씨 이은 콩두렁 밭두렁
어머니 내 어머니

〈한국여성문학회 백일장 시 당선 수상작〉

현충일

전철, 낮익은 선로 위
뱀보다 빨리 달린다.

언덕 타고 산 너머
유월의 푸른 피 천지 물들인 곳

그림으로 잠든 영혼들이시여
깨어나소서

향 가루 불 질러
타오르는 정교한 바람아 머물러 다오,

반듯한 돌비석 태성의 간결함이
이곳에 자리 폈네.

전쟁 끝난 밝은 태양 기다리는 곳
다들 제자리 모였는데 우리만이 빈손

동29동 육군소령 이진우의 묘
결코 녹슬지 않은 계급장 수십 년 세월 딛고
낮별 되어 반짝인다.

〈여류수필가 전숙희 선생 추천시〉

동백나무

경칩에 좁은 베란다
빛 고울 햇살 무늬

눈부신 초록빛 신부 시집온 날
열지 않은 꽃망울 방울꽃 너울

옹기종기 모여 앉은 한 뼘 영토
향기로운 물결
갠지스 유역 따라 번져 나고

열린 기슭

서걱이는 눈동자
갇힌 삶이
떠나온 흙내 갈망한 죄
변질된 떡잎 한 잎 두 잎 지는 날 오면

창밖 비상하는 구원의 길 따라

입술 내민 구름 허리
휴식으로 바랜 하얀 낮달 기대본다.

칠월의 아카시아

투명한 쾌감 같은 것
기다리던 환상
소름 끼칠 해맑은 정감으로

비탈의 등 굽은 경사면
버려졌던 계곡에
그는 한결같이
그늘을 접고 서 있었다.

뽀얀 방울 소리
얕은 웃음 들어낸 하얀 잇속
흠뻑 뿜어내던 모성의 채취
푸르름 만끽하던 흰색의 향수
네 숨결 휘감길 때
진한 땀방울
투명한 혈관의 요동으로
다시 한 번 스며든
아름다운 지문 선명하다.

푸른 카네이션

오월 팔 일 오후
내게도 내리신 딸이

아스팔트 청회색 파고
멀미 치르던 날

세상에 태어나 닮은 흔적 남겼으니
죽지 않은 삶을 본다.

노을 한 자락 일렁이는 오후
환청으로 길든 긴 복도
창밖 스며든 햇살 미세음 따라
귓전 스쳐나는 거울 속

하이힐 딸깍이는 파열음에
이 모두를 싸안은 두근거림 속
열린 문밖

함박웃음 가슴 하나 품어 안은
한아름 푸른 카네이션.

인도사원 조각상

돌계단 끝난 자리
옷깃 여민 향내 가득한 곳.

연꽃 잎 두두러진
좌불안석(坐不安席)
자비의 근원
찰랑이는 물결 고요롭다.

어느 맹렬한 달인의 피와 땀
엉키고 맺혔을 인고의 결실
신기루의 경지 이룩한 자리

황홀한 도의 품 안 스며든 마음
돌아선 가벼운 발걸음 소망 하나

내 안 깊이 간직한 결백의 티 한 점
후-우욱
부푼 풍선이고 싶다.

진작 알지 못했네

복중 손아귀에 잡혀 흠벅 젖은 땀내
오지랖 싸담기던 퍼즐의 심사 작은 아픔을
진작 알지 못했네.

바람 탄 빗방울 흐트러진 모난 돌멩이
주저앉은 살갗 쓰린 상처를
진작 알지 못했네.

마른 입김 금단의 질서 어긴
순간의 만행으로 생존의 몸부림을
진작 알지 못했네.

버스 종점 삭풍에 입항한 막차
등급은 허기증 타이어의 낮춘 몸놀림을
진작 알지 못했네.

옥매화

시리도록 하얀 살 빛
하늘 이어진 땅
간밤 한 치는 자랐을 가지
나무의 키 높이

포물선 끝자리
잎보다 먼저
봉오리 하나 맺힌 이른 봄
준비된 기다림

대롱대롱 매달려
소망 닮은 위태롭움이여!

모란꽃 두 송이

망막 속 쌓인 겨울
5월 날갯짓에 날아가 버린 오후
창경궁 식물원 창밖 자줏빛 무게 실린
서민 두어 사람 한적히 서있다.
초록빛 넋 실려 트인 하늘 기슭
그날 큰어머니 보인다.

대나무 잎새 지던 장독대 뒤안길
전통 지킴이 가마솥 무게 실린
허접한 곳 의젓한 몸매
꼬박 한철 기다렸을 알뜰한 촉각
실한 매듭 두어 가닥 휘어잡았을
마른 손목 끈적한 인맥 따라 십 리 길
비포장도로변 지팡이 걸음
고운 정 따라 나선 실온의 손아귀
귀한 모란은 웃고 있었으리
먹먹한 귀 언저리 흰머리 날릴 즘
7살 생질녀 살 속 심어주던 혼

까르르 쏟아지던 새벽별 무리 속
재촉하던 발걸음 홀로 선 지팡이.

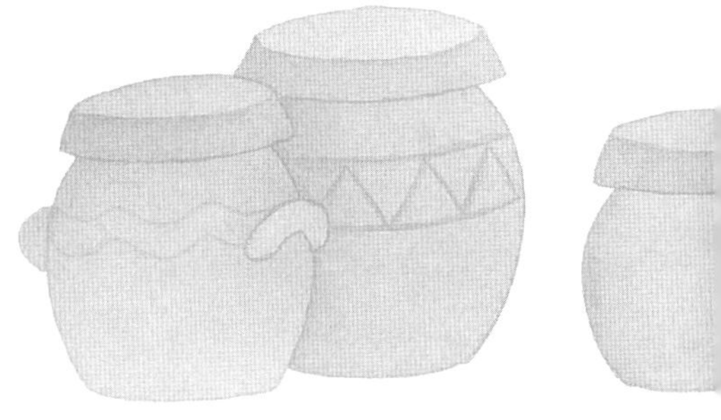

안내견

삼월 공황 지하철 안
쌓였다 사라진
무수한 족적 포진된 자리
덩치 큰 누렁이 한 몸 잠시 세 들어 누웠다.

쌓인 피곤 쳐진 눈꺼풀
지그시 감은 눈 턱 고인 위상
둘러선 눈동자들 허기진 바닥 고독 알까.

“안내견”
눈부신 팻말 잠든 바람 일으킨다.

황토빛 마당 푸른 조련사
맹렬했을 땀방울 호루라기 파열음
산 메아리 끼어든 별난 하모니
매듭지은 결실,

후–우욱 뿜어나는 입김 날개 단 고요

요람으로 출렁이는 귓볼 분명 노화였다.
잦아든 호흡 쇠줄 움켜잡은 장밋빛
장애인 소녀
때 되면 흡수될 영혼 나들이.

세 번째 장

가을

은행나무

상사화의 뜻

기회(Chance)

종이배

물먹은 달

흐르는 개나리

응봉 공원 벚꽃

개나리꽃

의리의 새벽길

가을

프리즘의 영롱한 색깔은
가을의 의미였다.
끝없이 펼쳐진 남빛 치마폭
가도 가도 잡을 길 없는 끝을
둥실 뜬 구름 보드란 살결에
가만히 싸 담아 안아 본다.

오늘처럼 기쁨이 있고
어제처럼 슬픔이 있는 나날
먼 길 떠나온 너는 기약이 있어
슬프지 않았고
지칠 줄 모르는 국화 향기
어릴 적 땀 내음
불타는 산마루
마른바람 가랑잎 품고 빛깔도
소리도 없는 잊혀진 사람

뜰 아래 내려선 너는 상큼한 여인내

나들이 모습 조용한 눈빛으로
약속을 남긴다.

〈제16회 성남문화예술제 백일장 시참방 입상 수상작〉

은행나무

시월 광대
우람한 몸집 버티고 섰다

쳐다보는 서늘한 입김
황금의 길섶에서 한결같이
늠름한 삶을 본다.

인고의 알뜰한 손마디
그가 흘린 열매 머리 숙여
줍고 있다.

사뿐히 딛고 떠난 바람결

오늘을 이고 선
거대한 동양의 모성이여
마른날 낙엽 떠날 길목에서
영역 없는 관대한 품성의 네가 섰다
천년을 움켜잡은 가을빛 아래.

상사화

숨은 뜻 품고 사는 꽃말 있다
언 땅 헤집고 솟아난
일 년 만의 재회
꼿꼿한 줄기 나선형 꽃술 엉킨
모태의 땅
스스로 지은 그늘진 모습
언제까지 연민의 함정
벗어나나

한끝 펼친 산 앞가슴 딛고
뻗어난 능선 따라
판도라의 꿈
피빛 꽃 송이에 만발한 날
초록의 잎새

화신으로 일어선 부력이
시간의 박차 따라 초록의 잎새
소망하던 재회의 꿈이 훑어버린 전조등의

그림자로 추억의 보호망 속 사라진 날
텅빈 대지엔 찬 빗줄기만 들이친다.

기회(Chance)

순간의 선택
궁지 속 실려 나던 날
씩씩한 도보 환히 열린 대로
가벼운 발자국 희망찬 숨소리
허공 치달을 때
움츠러든 손 힘껏 내밀어
이 순간 잡을 것을.

광풍의 여진 속
뭉게구름 녹아내릴 때
쏜살같은 빛살 따라
안막의 음지 사이사이
긴 날 여운 남긴 소망의 미련
기어이 손 내밀어
한사코 잡을 것을.

종이배

혼줄 이어진 돌계단
정오 청량리 역전 광장

어느 종교 단체 중식 행사장
꽃잎으로 펴난다.

벙그러진 텐트 십여 자락들
앞치마 사각이는 종종걸음
희뿌연 바람 탄 스피커 음률 높낮이
간들간들 그늘 속 종이배 뜬다.

정렬된 빈 의자 연이은 어깨들
노숙의 서릿발 포진된 자리

꼭꼭 심어나는 알뜰 손길
앞앞이 건네는 때맞춘 한 끼니

일렁이는 향수 먼 날 태동으로

청공 아래 흐르는 성가 소리
움츠러든 날숨
편도에 잠겨버린 굳은 자물쇠.

물먹은 달

소나무 가지 사이

말간 빛 머금은 달
초저녁 길 따라간다

정신 차린 눈빛.

절뚝이는 세상 밖 꽹과리 소리

구제역 때문에,
음지 속 게임판 때문일까,

울리고 퍼져나는 징 소리

우물 속 잠긴 달빛이
석별의 정
먹물되어 번져난다.

흐르는 개나리

빗방울 흠뻑 잠긴 동산
초봄 투명한 춤사위
가지마다 포물선 줄기

순간으로 이어지는
노란 심장의 박동

이곳에 뿌리내려
의무처럼 씩씩하다.

갈색 반월 나뭇가지
흐르는 순간마다
무슨 맘 가질까

오만함에 물들지 않아
그에겐 적이 없다.

응봉 공원 벚꽃

꽃
철따라 피고 지는 세월 무덤
오늘의 꽃잎
그날 모습 아니다.

소담스런 환희
별빛 스며들어 눈부신 혼

화들짝 오므린 길섶
맘껏 풀어헤친 너는 자유인

만개한 시간 드높은 하늘
순수의 기상
무리지어 피어난 환호의 물결
낙화로 다시 이어질 봄날의 여진
닳토록 쌓이고 쌓인 미련에서

느린 발걸음에 실린
또박또박 오늘의 나를 심고 간다.

개나리꽃

불꽃 튕겨 번져 나듯
어느새 만발한 개나리꽃
잠긴 기 열고 넘실거리며 춤춘다
입열어 웃다
입다물고 참는다
긴긴 겨울날을
메마른 가지 속
잠재운 열정
때 맞난 지혜로
거침 없이 꽃 피우다 만끽 하는 삶
발등에서 머리 끝까지
온몸 물 들인 노란 색의 목매 인 그리움
구석 수석
몰아 내는 어두운 그늘
환히 불 밝혀 세상을 연다.

의리의 새벽길

유월 예보된 폭풍
장맛비 흐느적이는 대로
광화문 네거리
황토 물살에 잠긴
고개 숙인 철부지

통제도로 벗어난 교통의 소용돌이
뻥 뚫린 동호대교 가슴팍에 돌진한다

부릅뜬 헤드라이트 쌍심지 켠
길들여진 행보 사륜차든 이륜차든
이곳만은 어림없다

둥굴둥굴 핸들 부드러운 각운
여기 박힌 새벽별 무리
초롱한 눈망울에
나만을 직시한 무거운 두 어깨
여명 속 냉수 한 모금 나를 씻어내릴 때

홍옥 한입 잔뜩 깨문 차 꽁지
유월 지붕 밑
행성으로 휘돌아 간다.

네 번째 장

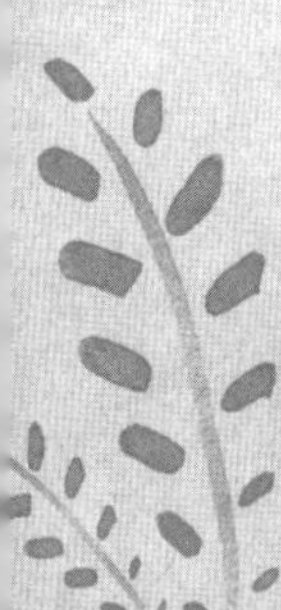

나의 소망인 남편

아무에게도 말하지 않았다.
유리 벽 속에 목마른 싹을 키우고 있었다.
구름 덮인 바다 조각난 별이
바람 깃에 말려 하늘 높이 치솟던 날
먼 길 떠난 어머니 양미간 인고의 주름살
대나무 잎새로 선명히 살아나
한 점 씨앗 낮은 숨결 함께 심은 곳
마음 뜰에 박힌다.

뛰는 심장 맡긴 그날부터
손엔 버릇처럼 받쳐 든 물뿌리개
기울어진 입구 쪽 뿜어나는 분수는
바람 탄 가루비 되어
뿌리 밑으로 스며들더니
알알이 퍼져 나는 수맥 속 은 실타래
빛바랜 새벽빛 타고
휘어진 고개 너머
조용히 찾아든 소망의 혼이.

〈서울시 여성문학회 백일장 당선 수상작〉

낙엽 한 잎

혜화동 학교길 어귀
초겨울 스산한 바람 탄
가라앉은 돌계단 옆구리
댕그마니 남은
모로 누운 낙엽 한 잎 고요롭다

못다 한 생명 갈색 무게 실어
마른 힘줄 도드라진 삶
낮은 바람 속 잠겨있다

한 편의 전설이 오늘 쌓는 날

허공 누빈 서릿바람 따라
홀로 떠날 두려움
전할 말 남았을까

언어보다 진한 몸짓
떠나보낼 가을이 잡고 있다.

옥매화 옮겨 심던 날

고향이라 부를게요.

양지만을 지향한 태성
질경이보다 질긴 다짐으로
통째 뽑혀 나던 실뿌리들
개혁의 삶에 갈라선 정감
바람 막은 담벼락 아래
빛줄기 퍼져나는 생경한 곳
자리했다

투명한 피톨 시리도록 하얀 향수
형의 손길 닿은 지성이
자전거 뒷자리 몸 실은 아킬레스건의
통나무 줄기
젊은 자작시 두루마리 속
잔잔히 스며든
눈부신 혼.

노을에 빠지다

서쪽 하늘 소나기 창살 너머
생동하는 향수를 보는가.

산봉우리 반쯤 가린 연무 위로
잔잔히 불타는 숨결

태고 때 전설 따라 참지 못한
영광의 눈물이
메마른 불 화음까지
모두를 빨아들인 피의 의미
마지막 구원의 지킴이
119 구조원 핏발 선 눈자위
한줄기 의로운 빛을 본다

흐르며 고인 라마신의 고뇌
영혼의 갈채 속 하늘 사랑
그러나

끝내 닿을 수 없는 곳의
향기로운 짧은 이별.

2009년의 가을

이렇게 오나 보다
한 폭의 묵화 속 잠긴 세상
오랜 염원인 하늘의 묵시록이
노숙의 포근한 이불 되어
이렇게 오나 보다

희망에 목 타지 않고
외로움에 조율된 숨결
떠밀린 벼랑에도
이렇게 오나 보다

정맥 시퍼런 서슬 무성한 곳
겨냥한 한 줄기 빛살
작은 잎새 흔들림 익살스런 바람 따라
이렇게 오나 보다

눈부신 해오름에 풍만한 가슴엔
호흡 멎어 질식한 밤 찾아

가슴 하나 품어 안은 따사로운 정기
이렇게 오나 보다.

겨울바람

소망 닮아 흐릿한 날
위성의 그늘에서 바람을 만나다.
홀로 뜬 낮달 반쯤 열린 매무새
구름바다 앞서 간 바람은
어디서나 키가 큰다,
굽이치는 문신으로 박힌 모래알의 해변
시(詩)의 계단 위에서
시들어진 꽃잎에 봄은 있었다.

해풍에 실려난 모래알들이
당찬 소라의 휘파람 소리에
한번은 질식하고 만다.
갓 태어난 하늘 한 귀퉁이를
메모지에 적었고
어스름 아스팔트 정적 등허리에서
황금의 오늘을 적는다.
빈 주머니

무중력의 눈꽃송이
갈잎 무덤 속 겨울나무 따라간다.

장마

빗줄기 흐느적이는 공휴일
떫은 간섭 피한
잿빛 평화

꼴깍 삼켜버린
하얀 독백이 나를 싸안는다.

가난처럼 정직한 표정에서
일어선 푸른 힘줄
쉬어가는 세월 바람 속
동면의 자유 있다.

사계 꼬리 문 질서
아침 해 눈부신 초점 아래
천상을 이고 누운 평화의 수난
휴전(休戰)하는 계절의 멀미에서
날숨 날카로운 생의 찬미

물푸레나무 닮아가는
고막 속 묵은 교향곡 울림.

가드레일의 슬픔

아홉 살 지민이
잠시 어미 떠난 그늘에서
작은 거인 되어 휴식으로 고요하다
간밤 달빛 한 줄기 쉬었다 떠난
우물가 돌계단 아래
알뜰 개미 떼 등꽃길 어지럽다

매달린 책가방 상기된 볼의 무게
등 굽은 할미가 되고
시월 끝날 무서리 품은 보도
풋감 같은 이국의 어미 짓무른 그리움
허기진 도토리 알집 건드렸네.

타박타박 고개 숙인 수도자
쪼르르 매달린 작은 진실들
어김없는 현실이
흐르는 십자로

노란 깃대 쳐든 야구모자 선생님
찢어져라 외치는 호루라기 소리.

보이지 않는 힘

두 팔 펴 휘둘러도
나 하나 남아있네.

나를 기대선 자리
나를 주저앉힌 곳

고독이란 낱말엔
막둥이란 뜻 있다

삶의 등허리
마른 날 혼자 산다.

내가 나를 일으킬 때
내가 나를 잊혀 갈 때

와락 허들어져 펴나는
민감한 묘약의 효능
나의 어머니……!

불혹의 땀방울

6월 하순 익은 날씨
유백색 유니폼 흠뻑 젖어 든다.

홀로 숙청된 일인 병실 환자
죄송한 문병 연이은 미소들
풍선으로 부푼다.

어제 아침나절 일 순번의 시도
고관절 대수술 집도에
머뭇거리던 그를
통째 내려놓았었다.

보호자 대기실 전광판 낯익은 호명
환자용 침대 약속처럼 입실이다.

허공에 매달린 링거 물방울방울
모든 추락하는 것의 무게는 가벼워라.

창문 아래 시든 장미 꽃잎
머금은 향기 날숨 소리
끈적한 진실들 모여 앉은 병실에서
푸른 꿈들 조용히 영글고 있었다.

다섯 번째 장

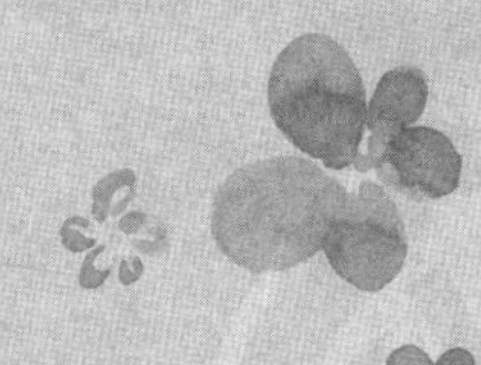

나의 시

까치발 딛고 선 키 높이
위성의 층계
아득한 천공 있다.

동반자 없이 나선 발자국
시의 발가락 보인다.

누렇게 익은 세월 바람
나뭇잎들
터널 통과한 기적 소리 들릴까

계절 지문 선명한 산세 휘돌아
짚고 일어선 길 따라간다

훌훌 털어 버린
낭만이여 영혼이여
가을 산 정숙한 운치 풍요로운 가치

숨찬 이들 모여라
단숨에 품어 준 하늘 아래 땅.

버얼리 허드 바다 2

파도를 닮은 그가
여기 왔을까

어디서 본 듯한
정다운 눈빛

부서져 쏟아지는
물결 부름에서

미련 묻고 돌아선
파도의 침묵

얼마나 사무치면 지칠 줄
모르는 도전일까

파란 잔디 혼자 두고
매번 혼자 떠난다.

*호주 서퍼스파라다이스에서

눈 내린 골목길

새벽은 찬데
침묵으로 열린 골목길에
흰 살 무너지는 소리

하얀 살 속 묻힌
숨은 정 밟고 간다.

고요를 들이켠 무딘
발걸음

혼자 걷는 연인으로
비어있는 골목길

뒷없이 스쳐나는 참새
날아 난다.

마킹 자국

백지에 박힌 마킹 자국
한밤 지샌 충혈된 눈빛
눅눅한 발걸음에
까만 초점 하나 허공에 매달렸다.

날숨 드나들 듯
문턱 너머선
하얗게 바랜 길
접목시킨 상큼한 소망 하나
목마른 운명선에 동행했었다.

겹겹이 쌓인 주름살 너머
소탈한 인증 샷으로

말갛게 씻어 내리던 길
고해의 길

대화

"어머니
열렸다 닫힘이 세월이면
타오르던 불꽃 사그라듬이
인생일까요

허리 굽은 노송처럼
늙음은 서러워요,

한가로운 구름 아래
헐떡이는 삶은 아픔입니다.

때론 길게
때론 짧게

흔들리는 우주 속
푸른 별아기,

새벽

기다리는 초롱한 눈망울들

그러므로
어쩌면
오해였을까요?"

난 화분

지인의 마음 담은
화분 하나

나선형 초록 잎
묵화의 향 방 안 가득하다

느슨한 목마름
주마다 잠수하는 운명
생존의 방법 날카롭다

한 뼘 토양 그늘진 모서리
갈색으로 변질된 잎과 줄기
더듬듯 움켜잡은 손아귀의 힘

아찔한 실수

낚시 바늘 닮은 뽀얀 새싹 하나
시든 줄기 밑 움트고 있었다.

오월의 아카시아

기울어진 하늘
등 굽은 에펠탑 기상으로
눈부신 아카시아꽃

바람 탄 가지마다 하얗게
매달린 종소리

통나무 우람한 몸집
철따라 매운 바람 할퀸 자국
조율된 생존의 의미

아무렇게나 이어진 서민의 하루

타국 땅 비탈길 그늘진 골짜기
까만 정수리 까치집 이고 선
성근 이빨의 모성
뭉클한 향기 고독한 운치
싸안았다.

화장장(火葬場)의 열도(熱度)

화장장의 열도 1200도 라니
그 높이 알 길 없지만
두 손 놔 버린 공백일지라도
한 몸 갈라진 분신 있으니
인간만의 소유격인
영혼(靈魂)의 신비 알까 모를까,
열기 따윈 두렵지 않아
조율된 행사의 과정일 뿐이야

지니던 모습이 순간을 버리는 찰나
새로운 여정 나선 무정란의 빈 몸
가뿐한 홀씨 되어
지상의 수료장 든 손
구름계단 사뿐히 닿으리.

어스름 밤 초야의 신비스런 미로

끝내 대답하지 않던 날
홀연히 사라진 긴 추억 애달파하리.

등산길

순수의 본향 산길 오른 날,

날 씨줄 짜임새 인맥의 이음새
모자이크 된다.

길섶 아름아름 만발한 흰 방울꽃 너울
요동으로 스쳐나는 키 높이
지상 어디 이토록 반긴 곳 또 있을까.

돌아보는 산새 꼬리 이은
성찰의 꼿꼿함

하늬바람 길 나선 계곡
갈잎 한 잎 주저앉은 검은 바윗등
문패 하나 박혀 있다.

등산화 겸손함 이어진 길
삶의 높이 담긴 날

훅-날숨 헐썩이는 하산의 길목
순두부 백반 순한 향취
여긴 오랜 날 신방으로 아늑하다.

노을, 소나기에 물들지 않아

천둥 번개 광란의 여진 속
노을은 찬란하다.

산봉우리 반쯤 가린 연무
맘껏 쏟아 내린 은빛 창살들
맹렬한 하늘의 평화

눈시울 붉게 익은 미소
순간의 포착 이어지는 찰나
젖은 맥박 수직으로 추락하는
지상이 있다.

이중주 속 격랑의 차고 춤사위
숨찬 요람
허락된 시간

라마신의 미소
침묵의 하늘
닿을 수 없는 향기로운 이별.

여섯 번째 장

가을의 무게

외나무다리

봉오리

침묵의 샘

봄

만남

가을의 무게

내 안에
도덕 닮은 무게 있었던가.

저공의 습기 실은
여름이 흘리고 간 발자국

붉게 물든 나뭇잎
까맣게 타들어 가던 여름날
이곳에 자리 폈네

숨 가쁜 계절 따라
약속 시간 찾아든 석양의 의미
하늘 아래

정직한 순례자.

외나무다리

조율된 생존
가깝고도 먼 곳
직시한 외나무다리

조여든 맥박
오한으로 다짐한 마른 입술
물밑 자갈밭 틈서리 푸른 이끼
자유로운 춤사위 본다.

공포의 환상 빠른 피 돌기
하얗게 부서지는 물소리

색깔 따라 상상의 날개 편 날
추락의 공포 새겨 보았던가.

들숨 접목시켜 발효된 체온
드디어 내민 대지의 한 자락 밟았다

이 관용의 자연

하늘 내린 후련함
이 길 고해의 길.

봉오리

봉오리 꽃봉오리
방실방실 날름날름
미운 것도 없어라
싫은 것도 없어라

가난 근심 불가능은 더욱 없어라

늘 웃어라 노래 불러라
봉오리 꽃봉오리

땅처럼 살고 싶어라
죽순처럼 자라고 싶어라
바위처럼 앉고 싶어라
구름처럼 날고 싶어라
입고 싶어라
갖고 싶어라 꿈꾸고 싶어라

봉오리 꽃봉오리.

〈동기생 김두래 추천시〉

침묵의 샘

벽시계 맥박 소리
익어 가는 밤

질리도록 침침한 블랙홀
어느 님 위력일까

밤 향기 넝쿨로 뻗어 나는
위성의 그늘
하늘 바람 탄 빛이 새 나온다.

질리도록 정확한 사계의 질서
삶이란 대열에 낀 오두막에서
후회 없는 삶이
별들의 노랫소리 들리는 밤.

봄

산그늘
옅은 살갗 봄이 온다.
향그런 버릇 안고 네가 온다

지난 겨울 헐벗은 고아
미루나무 기억할까

계절은 봄인데
흰 눈 맺혀 있다.
봄의 향기
약속 처럼 찾아든
따사로운 가슴
생명의 산실
비바람 속 모성으로.

만남

백화점 정문 앞
정오까지 만나기로 했다.

낯익은 얼굴들이 보이기 시작하고
이 날 주인공은 맨 나중에,

이민 간 친구 일시 귀국이
오늘의 중심 되고,

일식 식당 향한 발걸음들이
순간을 매듭짓고 있었다.

훅 날숨소리 함께
친구의 얼굴에 내가 있고
오나가나 다짐하던 건강,

가을이 깊은 곳까지 물든다.

고목 닮아가는 말년의 초연함
때 되면
불티처럼 사라질 세월 속에서.

맺음이야기

청하전국백일장 장원 당선 소감

엘리베이터 안 한 달만의 기다림 속 당선 벨소리.
장원 아니면 시인 아니라던 남편 함께 내 집 앞 멈춘 집배원 발길
열린 봉투에 상장과 상금 분명 〈장원〉이었다.

초등학교 때 토담 위에 핀 해당화 불그레한 볼에 끌려 혼자인 나
겁도 없이 개울 건너 길 건너 오 리는 멀고 십 리는 가까운 학우네 집
달리고 달리던 갑산골 향기, 그날 토담 위 해당화 넋이 얇은 가슴 파고들어 시의 싹으로 자라지 않았을까
시와 함께 호주 골드코스트에 거주하며 몰입하던 여러 해 일몰에 매료되어 야자수 잎 사이 노천의 레스토랑에서 흐른 오 대니 보이 정갈한 정취에 향수의 마디 더욱 영글어 가던
수년 후 귀국한 내게 갈고닦은 시의 수준에 궁금하여 전국 시 백일장에 참가하기 일곱 번, 꿈에도 그리운 장원을 위시한

네 번의 당선 상을 받았다. 그리고 시인으로 등단했다.
이제 발돋움할 수 있는 든든한 기둥을 주셨으니
내겐 완성해야 할 집이 남았다. 오늘이 있기까지 도와주신 분
천상의 어머니 문학 청년으로 타개한 셋째 오라버니
격려와 찬사의 두루말이 속 문창반 선생님 선후배님들
심사 위원님과 청하 성기조 교수님께
진심 감사의 맘 금할 길 없습니다. 감사합니다.

2002년 8월…….

내 고향 안강

서라벌 기슭
편안한 고장 안강이 있다.

형산강 줄기 동해로 이어진
윤기 흐르는 평야
으뜸의 입맛 길러낸 우리

도덕산 정갈한 정기
회재 이언적의 유적지 옥산 서원*이 있다.

유년의 모습 하늘 끝 치닫는
칠 평 방죽의 잔디
세계로 트인 솔바람 소리

골 깊은 곤실산 미루나무 한가로운
재난의 수호신 되고

귀골의 운치 양동 마을

묵향의 꽃그늘 밟고 산다.
당당한 기차역 학창의 요람
메워질듯 모여드는 날카로운 진리
곳곳의 축포 공중 분해되어
인공의 힘 내 고향 지키리.

아 이곳은 나의 어머니.

〈추천시. 이 말선 c.s〉

---

*옥산서원 _ 서적제154호 (지정일 1967.03.08)
위치 _ 경북 경주시 안강읍 7
설명 _ 조선시대 성리학자(회재 이언적)을 기리기 위한 곳. 이 언 적의 학문을 퇴계 이 황에게 이어져 영남학과 성리설의 선구자 됨. 선조 5년 (1572년)에 경주부윤 이재민이 세웠고 다음 해 임금에게 "옥산"이란 이름을 받음.

전숙희 선생님

– 존경하는 선생님
생의 유한함을 새삼 아쉬워합니다 —

필자 초등 2~3년 때 동기생의 어머니 신 선생님께선 개신교 집안으로 주일날 교회에서 선생님을 뵐 수 있었다.
의사이신 부군 또한 청진기와 흰 가운에 운동장 길게 늘어선 재학생들의 건강 검증의 날 기억한다,
해방 후 다시 서울에 재경하신 선생님을 나는 어느새 작은 가슴에 여인상으로 담고 있었다.
2002년 6월 3일. 서울 마로니에 공원에서 한국여성문학회 주최(한말숙회장) 전국 시 백일장에서 행운으로 입상한 나는 시상의 차례 기다리던 중 일 순번에 축사를 마치시고 퇴장하시는 선생님을 먼빛에 배알하던 날.
삼백 명의 참석자들 시선 뚫고 나가 인사하지 못했

음을 아쉬워했다.
황혼의 나이 나의 간청으로 드디어 선생님을 뵙던 날. 맑은 지성이 아흔의 연륜을 다듬고 계셨다.
휠체어 조용한 요동이 현관 입구까지 마중 나오시어 품 안 가득 품어 안아 주시던 아낌없는 사랑. 먼 그날 내 어머니의 체온이…….
삶의 마디에서 생성된 표피의 주름살들 일제히 요동치는 순간 주체할 수 없는 행복감에 나를 주저앉혔다.
향수의 여진에 잠긴 나의 손 끝내 놓지 않으시던 풍요로운 정감 결코 잊지 못한다.
며칠 후 재회 요망하신 선생님께서. "남들은 나를 전화도 못 받는 줄 아는데 그렇지 않다."**라고 하**시며 "여긴 먹을 것이 많으니 그냥 오라" 하시던 알뜰한 배려.
혹여 폐가될까 망설임에 사양하던 나를 지금까지 후회롭다.
백여 편이 넘는 나의 졸 시집에서 수상작만을 골라잡으시고 "앞으로 또 얼마나 많은 시작을 낼까, 국립묘지에 관한 시를 쓰고 싶었는데 이렇게 썼다." 하시며 무명 시인에게 아낌없는 찬사와 용기 심어주신 분……. 겨우 몇 달을 넘기시고 아주 먼 길 떠나신 선생님.

겸손하여 흐린 낮달과 큰 별빛 바라보며 〈나직한 목소리로〉* 향기로운 임의 발자취 따르도록 노력할게요…….

선생님으로 하여 세상은 더욱 밝고 행복했습니다.

---

*〈나직한 목소리로〉 여류수필가 전숙희 선생님의 수필집

평설

해원 이혜숙의 시 세계

성기조 (한국 펜클럽 명예회장)

흰 치마저고리 티 없는 고무신
사뿐히 딛고 오신 피맺힌 대궁이
하얀 님 물들진 말아야지

〈메밀꽃을 닮은 이유〉의 일부

메밀꽃이 문학에 등장하여 아름답게 묘사된 것은 이효석의 단편이지만 이 시인도 메밀꽃에 관하여 佳句가구를 남기고 있다.
위의 시는 우수한 표현으로 돋보이기 때문에 빼놓을 수 없었다.
메밀꽃의 흰 빛깔과 흰 치마저고리, 그것들은 나를

세상에 남기고 떠나신 어머님의 사별을 슬퍼하기 때문이라는 생각을 바탕으로 깔고 메밀꽃을 노래하고 있다. 적절한 詩想시상과 표현의 어우러짐이 아름다운 시구로 나타나 있다.

무척 행복한 시인이다.

이혜숙 시인의 앞날에 성공한 詩篇시편들이 나와 많은 독자를 얻기 바란다.